IBRASA
LIVROS QUE CONSTROEM

BIBLIOTECA "DIDÁTICA" – 33

Volumes Publicados:

1. *Contabilidade de Custos*	Lawrence e Ruswinckel
2. *Curso de Secretariado Moderno (Datilografia, Taquigrafia, Caligrafia)*	Luiza Chaibub
3. *Curso de Secretariado Moderno: (Comunicação e Correspondência)*	Luiza Chaibub
4. *Física – 2º Grau – dos Experimentos à Teoria*	Dárcio P. Santos
5. *Aulas de Educação Física – 1º Grau*	Hudson V. Teixeira e M. C. Pini
6. *Matemática 1º Grau – 5ª Série*	Carlos Cattony
7. *Matemática 1º Grau – 6ª Série*	Carlos Cattony
8. *Matemática 1º Grau – 7ª Série*	Carlos Cattony
9. *Matemática 1º Grau – 8ª Série*	Carlos Cattony
10. *Test Your English*	J. M. Gonçalves
11. *A Arte de Estudar*	V. Murça Viotto
12. *Saúde na Escola – 1º Grau (liv. Professor)*	Ruth S. Marcondes e outros
13. *Saúde na Escola – 1º Grau (Manual do Professor)*	Ruth S. Marcondes e outros
14. *Metodologia Científica no Trein. Desportivo*	M. J. Gomes Tubino
15. *As Qualidades Físicas na Educ. Física e Desportos*	M. J. Gomes Tubino
16. *Teoria Organizac. da Educ. Física e Desportos*	J. M. Capinussú
17. *Planejamento e Avaliação do Ensino*	P. D. Lafourcade
18. *Em Busca de uma Téc. Educ. para Escolas de Ed. Fís.*	M. J. Gomes Tubino
19. *O Sentido da Arte*	Herbert Read
20. *Os Exercícios Físicos na História e na Arte*	Jayr Jordão Ramos
21. *Ginástica Rítmica Desportiva*	Ester de A. Vieira
22. *O Cidadão e o Civismo*	Vários
23. *Curso Avançado de Psiquiatria*	Darcy de M. Uchoa
24. *Educação Nutricional*	Denise Giacomo Motta e Maria F. F. Boog
25. *Curso de Secretariado Moderno* (Prática Comercial e Bancária)	Luiza Chaibub
26. *Jornalismo – Dicionário Enciclopédico*	J. Nabantino Ramos
27. *Jornal – História e Técnica*	Juarez Bahia
28. *Terminologia Aplicada à Educação Física*	M. J. Gomes Tubino
29. *Planejamento Macro em Educação Física e Desportos*	J. M. Capinussú
30. *Prática da Educação Física no 1º Grau: Modelo de Reprodução ou Perspectiva de Transformação?*	Vera Lucia C. Ferreira
31. *Esporte Para Todos: Um Discurso Ideológico*	Katia Brandão Cavalcanti
32. *Comunicação e Expressão*	Heraldo M. Vianna

COMPETIÇÕES DESPORTIVAS
Organização e Esquemas

Dados de Catalogação na Publicação (CIP) Internacional
(Câmara Brasileira do Livro, SP, Brasil)

Capinussú, José Maurício.
C242c Competições desportivas : organização e esquemas ; edição orientada pelos professores Manoel José Gomes Tubino, Cláudio de Macedo Reis. -- São Paulo : IBRASA, 1986.
(Biblioteca didática : 33)

1. Esportes - Competições 2. Esportes - Organização e administração I. Tubino, Manoel José Gomes, 1939- II. Reis, Cláudio de Macedo, 1933- III. Título. IV. Série.

86-0847 CDD-796.079

Índices para catálogo sistemático:

1. Competições desportivas 796.079
2. Esportes : Competições 796.079

J. Maurício Capinussú

COMPETIÇÕES DESPORTIVAS

ORGANIZAÇÃO E ESQUEMAS

Edição orientada
pelos professores

Manoel José Gomes Tubino
Cláudio de Macedo Reis

IBRASA
INSTITUIÇÃO BRASILEIRA DE DIFUSÃO CULTURAL LTDA.
SÃO PAULO

Direitos desta edição reservados à

IBRASA

INSTITUIÇÃO BRASILEIRA DE DIFUSÃO CULTURAL LTDA.

Rua. Treze de Maio, 446 - Tel. (11) 3284-8382
01327-000 - São Paulo - SP

Capa de
CARLOS CÉZAR

Publicado em 2010

IMPRESSO NO BRASIL

PRINTED IN BRAZIL

A exemplo de trabalhos anteriores
dedico este livro
às minhas duas musas inspiradoras,
Mônica e Neide,
respectivamente, filha e mulher,
além daquela que sempre
procura enaltecer ao máximo
tudo que faço — Olma, minha mãe.
Também uma dedicatória
especial aos meus
verdadeiros amigos,
aqueles que estão permanentemente
ao meu lado, nas horas alegres e
nos instantes amargos, felizmente poucos.
São muitos esses amigos.

Sumário

Prefácio 11
Um enfoque mais prático 15
A Competição 17
Processo das eliminatórias 19
    Eliminatória simples 19
    Eliminatória consolação 26
    Eliminatória dupla 35
    Eliminatória Bagnall-Wild 39
Processos de rodízio 41
    Rodízio simples 41
    Rodízio duplo 44
    Rodízio em séries 45
    Rodízio lombardo 48
Processo de combinações 51
Processo das escalas 59
Respostas dos exercícios de aplicação 65
Bibliografia 81

Prefácio

A organização e a administração são premissas básicas, são condições fundamentais na estrutura de qualquer empresa, de qualquer órgão ou instituição e em qualquer área da atividade humana, para o melhor desempenho das tarefas específicas, e, obviamente, para os melhores resultados do trabalho a realizar. E a afirmação é ostensivamente válida, quando nos situamos em face dos amplos horizontes da educação física e dos desportos.

As teorias da organização, a sua flexibilidade, os seus conceitos e os labirintos das linhas administrativas em seus princípios essenciais, todas essas noções e tantos outros ensinamentos, José Maurício Capinussú já nos ofereceu em seus livros publicados, "Organização Desportiva", em 1976, "Teoria Organizacional da Educação Física e dos Desportos", em 1979 e, recentemente, em

1985, "Planejamento Macro em Educação Física e Desportos".

O trabalho que agora nos é apresentado traduz o desejo do autor de continuar servindo aos seus alunos, ex-alunos e colegas da especialidade, condensando noções sobre organização esquemática de competições desportivas, onde estão explicitados, em minúcias, todos os detalhes relativos ao tema, numa abordagem eminentemente prática, onde cabe ressaltar a inclusão, útil e oportuna, de uma bateria de exercícios no final de cada capítulo.

Há atos e afirmações que mostram nas suas entrelinhas o interesse pelo trabalho e o nobre desejo de melhor servir, e José Maurício Capinussú justifica na primeira página deste livro o motivo que "serviu de pretexto" para a sua elaboração. Observou nos contatos com seus ex-alunos, nos cursos de pós-graduação e nos cursos de preparação para os concursos no magistério da Educação Física, que havia uma desatualização e uma certa insegurança com referência aos assuntos relacionados à organização de competições desportivas, e dessa observação surgiu o pretexto.

O livro é bem apresentado, com ilustrações práticas, claras e bem delineadas para a fácil compreensão dos textos de cada exemplo e nos vários processos de eliminatórias e classificações dos torneios e campeonatos. É um livro útil a quantos militam no setor da Educação Física e dos desportos, com seu lugar certo nas bibliotecas da especialidade.

Na minha longa e gratificante carreira de professor universitário, sempre me senti ufano com o brilho e o sucesso dos meus ex-alunos. José Maurício Capinussú tem a sensibilidade do educador, é um estudioso dos assuntos da especialidade, administrador consciente e responsável, um professor jovem para suceder, um professor que orgulha seus antigos mestres.

Waldemar Areno

Um Enfoque Mais Prático

Uma experiência levada a efeito na preparação de colegas, muitos dos quais nossos ex-alunos, postulantes a uma vaga de professor de Educação Física no Estado e no Município do Rio de Janeiro, serviu de pretexto para elaborarmos este trabalho, cujo objetivo é dotar o mercado de uma publicação atualizada em organização de competições sob o aspecto puramente operacional, isto é, à base de esquemas que caracterizem as tabelas pertinentes aos processos de eliminatórias e de rodízios, bem como uma bateria de exercícios ao final de cada capítulo.

Nas aulas ministradas em cursos de preparação aos concursos do Estado e do Município, pudemos observar que os colegas formados há algum tempo apresentavam-se desatualizados do assunto *organização de competições,* o que é normal para quem somente aprende na escola e depois não se exercita continuamente na prática.

Naturalmente que os colegas recém-formados se apresentam mais familiarizados com o assunto, entretanto, até esses se ressentem de uma publicação abundante em exercícios, capaz de, praticamente, esgotar a matéria. Exatamente por esse motivo lançamos esta obra, onde a maneira de encontrar o número de jogos, o número de rodadas e a montagem dos esquemas referentes às tabelas têm um tratamento bastante criterioso e de fácil compreensão, até para aqueles há muito afastados do assunto.

Desta forma, temos plena certeza que os candidatos a concursos para professor de Educação Física no âmbito federal, estadual e municipal, onde o tema Organização de Competições geralmente se apresenta em destaque dentro do contexto geral das provas, de agora em diante, contam com uma fonte de consulta bem mais substancial a respeito de um assunto já bastante explorado, mas carente de um enfoque tão detalhado como a abordagem procedida no presente trabalho.

A Competição

A competição, quanto à forma, divide-se em dois tipos: torneio e campeonato.

Torneio é uma competição de caráter eliminatório, desenvolvida num tempo relativamente curto, enquanto, por campeonato, entende-se a competição, na qual todos os concorrentes (ou participantes) se enfrentam no mínimo uma vez, durante um tempo mais longo.

Esses dois tipos de competição são disputados por meio de uma série de processos, assim divididos:

1. Torneio - processo das eliminatórias, classificadas em simples, consolação (1º e 2º tipo), dupla e Bagnall-Wild.

2. Campeonato - processo do rodízio, dividido em simples, duplo, em séries e lombardo.

Pode-se também organizar uma competição através da disputa dos dois tipos, isto é, uma eliminatória simples numa etapa primeira e um rodízio duplo na fase final, configurando-se assim o processo das combinações.

Em caráter eliminatório ou não, há também o processo das escalas, classificado em escada, pirâmide ou funil, nomenclaturas atribuídas às figuras gráficas representativas de cada um.

Processo das Eliminatórias

1. Eliminatória Simples

1º caso (Figura 1): quando o total de concorrentes é um número potência de dois (2), formulamos a chave de modo que todos joguem na primeira rodada, após o que sobram os vencedores, que jogarão entre si, pelo mesmo método, até o confronto final.

2º caso (Figura 2): quando o total de participantes não é uma potência de dois (2), isentaremos um certo número de jogadores ou equipes da primeira rodada, de modo que na fase seguinte possamos ter um número de participantes igual a uma potência de dois (2). Daremos, então, seqüência à competição até o seu final.

Normas básicas a seguir:

1) números potências de 2:2,4,8,16,32,64,128... ($2^1,2^2,2^3,2^4,2^5,2^6,2^7$);

2) modo de se determinar os isentos: diminui-se a potência de dois (2) imediatamente superior ao número de participantes desse número de participantes. Exemplo: se a competição tem 7 equipes, a potência de 2 imediatamente superior a 7 será 8. Para encontrarmos os isentos da primeira rodada diminuiremos 8 de 7. Teremos, então,1. Em conseqüência, um torneio com 7 equipes terá uma equipe de fora na primeira rodada, que constará de três jogos com seis equipes. Na rodada seguinte, quatro equipes farão dois jogos;

3) quando existe apenas 1 isento, devemos posicioná-lo no final da chave; (Figura 2);

4) quando o número de isentos é par, devemos colocar igual quantidade de isentos em cada extremidade da chave;

5) quando o número de isentos é ímpar, devemos colocar um (1) isento a mais no final da chave (Figura 3);

6) a distribuição das equipes na chave obedece a qualquer um dos seguintes critérios: sorteio, classificação em competição anterior, ordem de inscrição ou comum acordo entre todos os participantes.

7) fórmula para se ter o total de jogos no processo eliminatório simples antes mesmo da realização da competição: NJ = NC-1. NJ = número de jogos; NC = número de concorrentes.

ELIMINATÓRIA SIMPLES

8 CONCORRENTES

nj = nc — 1
nj = Nº de jogos
nc = Nº. de concorrentes
nj = 8-1
nj = 7

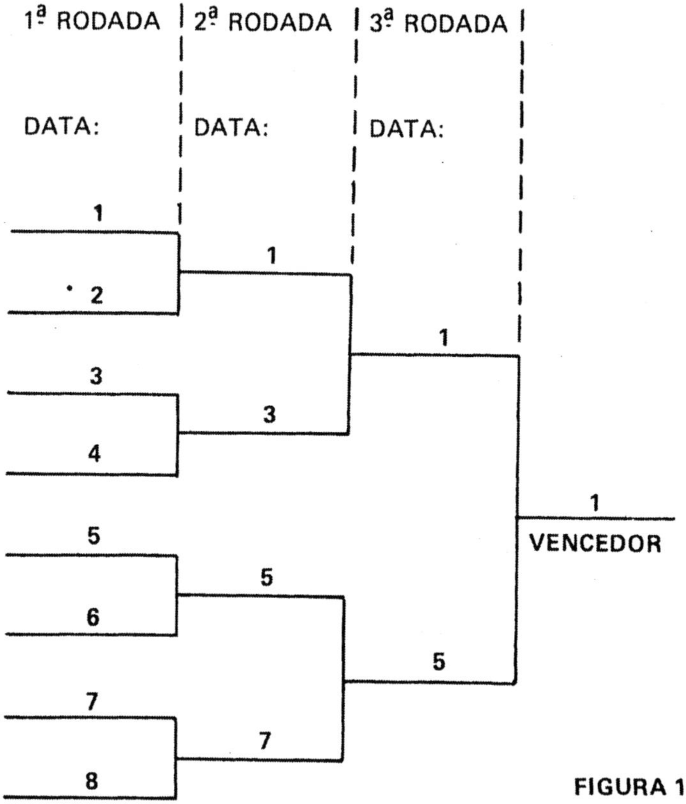

FIGURA 1

7 CONCORRENTES

nj = nc − 1
nj = 7 − 1
nj = 6

POTÊNCIA DE 2 IMEDIATAMENTE SUPERIOR: 8

Nº DE CONCORRENTES: 7

8 − 7 = 1 ISENTO

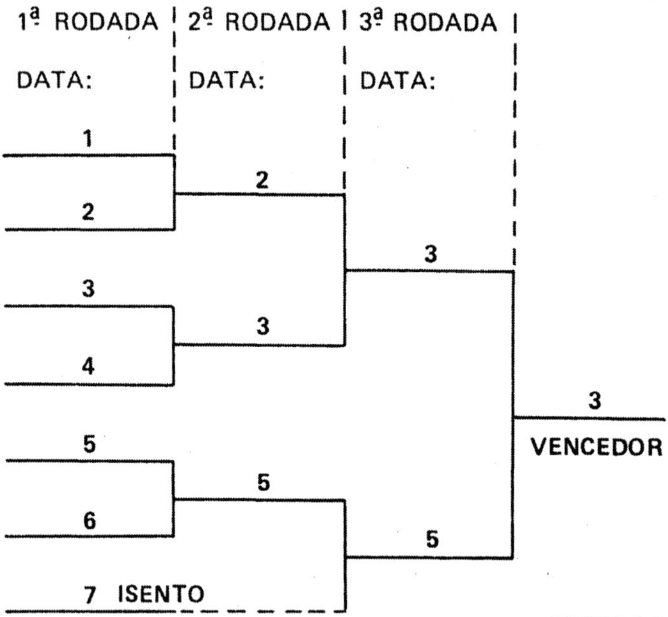

FIGURA 2

13 ELIMINATÓRIA SIMPLES

POTÊNCIA DE 2 IMEDIATAMENTE SUPERIOR: 16

16 – 13 = 3 ISENTOS

nj = nc – 1
nj = 13 – 1
nj = 12

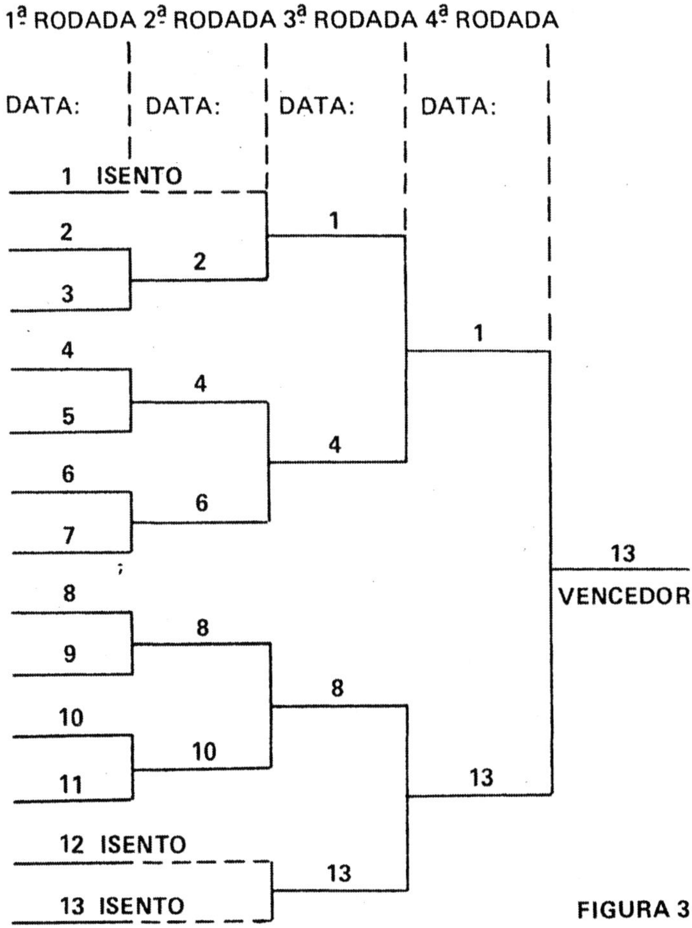

FIGURA 3

Como saber o número de rodadas sem realizar a competição

Para se ter o número de rodadas numa competição disputada pelo processo eliminatório simples, antes de a mesma se realizar, deve-se proceder da seguinte forma: (a) se o número de participantes for potência de 2, o expoente de que resultou esta potência corresponderá ao número de rodadas da competição. Exemplo: 8 equipes numa competição eliminatória simples proporcionarão a disputa de 3 rodadas, considerando-se que 8 resulta de 2 elevado ao expoente 3, isto é, 2^3 (2x2x2); (b) se o número de participantes não é potência de dois, procura-se a potência imediatamente superior a esse número de concorrentes, cujo expoente do qual ela resultou será igual ao número de rodadas. Exemplo: competição com 12 equipes. A potência de 2 imediatamente superior a 12 é 16, resultante de elevado ao expoente 4. Este expoente representará portanto o número de rodadas da competição (2^4 : 2x2x2x2).

O processo eliminatório simples apresenta duas vantagens: 1) desenvolve-se num período relativamente curto; 2) permite a utilização de instalações desportivas limitadas.

Por outro lado, apresenta como desvantagens: 1) eliminação de um concorrente sem que este tenha uma segunda oportunidade; 2) nem sempre o campeão é tecnicamente o melhor participante.

Exercícios de aplicação do assunto

1. Quantas rodadas terá uma competição de basquetebol organizada pelo processo eliminatório simples, contando com 25 participantes?
Sublinhe a resposta correta: a) 3; b) 4; c) 6; d) 7; e) 5.

2. Quantos jogos terá uma competição organizada pelo processo eliminatório simples, contando com 27 concorrentes?
Sublinhe a resposta correta: a) 27; b) 26; c) 21; d) 28; e) 29.

3. Quantas rodadas terá uma competição disputada pelo processo da eliminatória simples contando com 33 colégios?
Sublinhe a resposta correta: a) 8; b) 5; c) 6; d) 7; e) 33.

4. Monte uma competição pelo processo eliminatório simples contando com a participação de 15 escolas.

5. Quantas equipes estarão presentes a uma competição realizada em três (3) rodadas pelo processo eliminatório simples, durante a qual são disputadas sete partidas?
Sublinhe a resposta correta: a) 8; b) 7; c) 9; d) 5; e) 10.

2. Eliminatória Consolação

Disputa-se através de dois tipos de competição: no primeiro, a equipe derrotada uma vez tem direito a uma segunda oportunidade, objetivando a uma colocação secundária ou ganhar o título de campeã do torneio consolação. A disputa é levada a efeito entre os concorrentes derrotados na primeira rodada.

No segundo tipo atuam todas as equipes derrotadas ao longo da competição, através de torneios disputados entre os perdedores de cada rodada. O vencedor ganha o título de vice-campeão da competição.

1º caso (Figuras 4 e 5): quando o número de participantes é uma potência de 2, relacionamos os perdedores e os distribuímos numa única chave, ao lado da chave dos vencedores, ou em chaves separadas: uma reunindo os competidores que a cada rodada vão ganhando seus jogos, outra reunindo os perdedores da primeira rodada e os participantes que, isentos na primeira rodada, foram derrotados na segunda. O desenvolvimento do processo é idêntico ao da eliminatória simples.

2º caso (Figuras 6 e 7): o número de participantes não é potência de 2. A distribuição dos competidores isentos deve ser feita ao final ou nas extremidades da chave.

Normas básicas a seguir:

1) a chave dos vencedores é disputada pelo processo eliminatório simples;

2) os perdedores da primeira rodada e os perdedores da segunda, que tenham ficado isentos da primeira,

deverão participar da eliminatória consolação;

3) equipes isentas na primeira rodada da chave dos vencedores, derrotadas na segunda rodada, não poderão novamente ficar isentas na chave dos perdedores, em se tratando da eliminatória consolação 1º tipo. Neste caso, os isentos serão os competidores que se encontrarem mais próximos do meio da chave (Figura 6).

4) na eliminatória consolação 2º tipo, a norma do item 3 deixa de prevalecer. Trabalha-se realmente com os perdedores de cada rodada;

5) a eliminatória consolação pode ser disputada em chave única ou em chaves separadas.

O processo da eliminatória consolação utilizado para se encontrar o vice-campeão da competição torna-se mais fácil de ser feito a partir do instante em que trabalhamos com chaves separadas. A cada rodada da chave dos vencedores tiramos os concorrentes derrotados e fazemos uma eliminatória simples entre eles, selecionando os vencedores, que se enfrentarão na final, juntamente com aquele que se classificar em segundo lugar nesta chave dos vencedores. Não importa que o número de concorrentes seja ou não potência de 2; o procedimento é idêntico ao adotado com referência ao processo da eliminatória simples (Figuras 8, 9,10).

Exercícios de aplicação do assunto

1. Pelo processo da eliminatória consolação 2º tipo, organizar uma tabela em chaves separadas, vencedores e perdedores, com 12 concorrentes.

2. Montar uma competição pelo processo da eliminatória consolação 1º tipo, com a participação de 15 concorrentes, utilizando chaves separadas.

8 CONCORRENTES

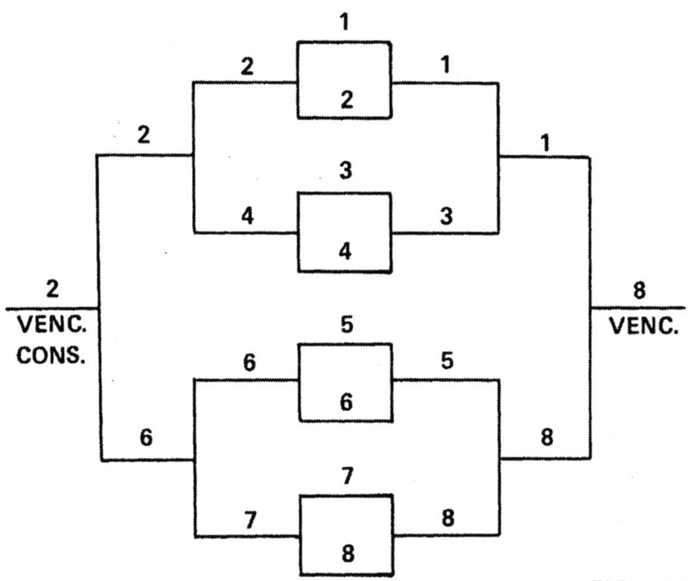

FIGURA 4

8 CONCORRENTES – CHAVES SEPARADAS

CHAVE DOS VENCEDORES

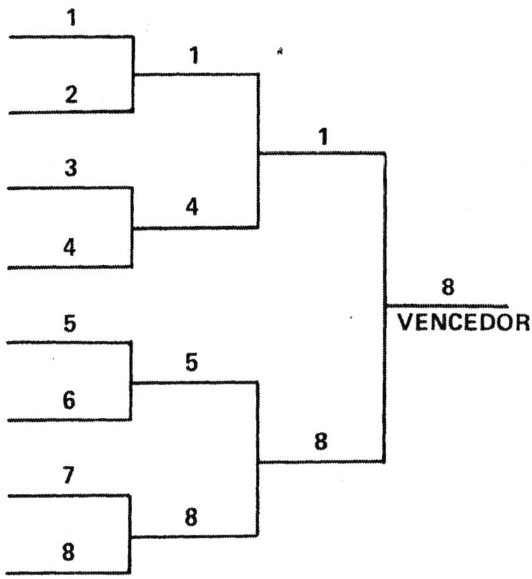

CHAVE DOS PERDEDORES OU CONSOLAÇÃO

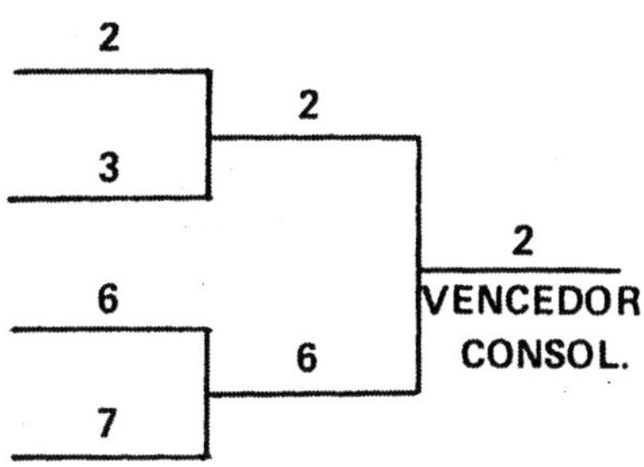

FIGURA 5

12 CONCORRENTES

16 - 12 = 4 ISENTOS

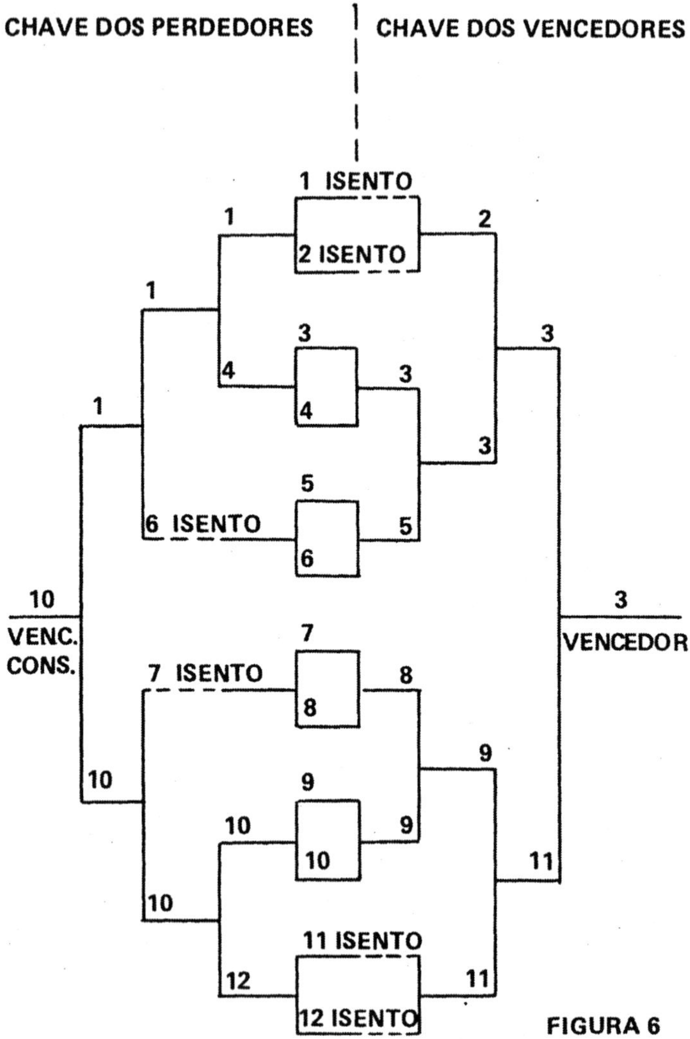

FIGURA 6

12 CONCORRENTES

CHAVE DOS VENCEDORES

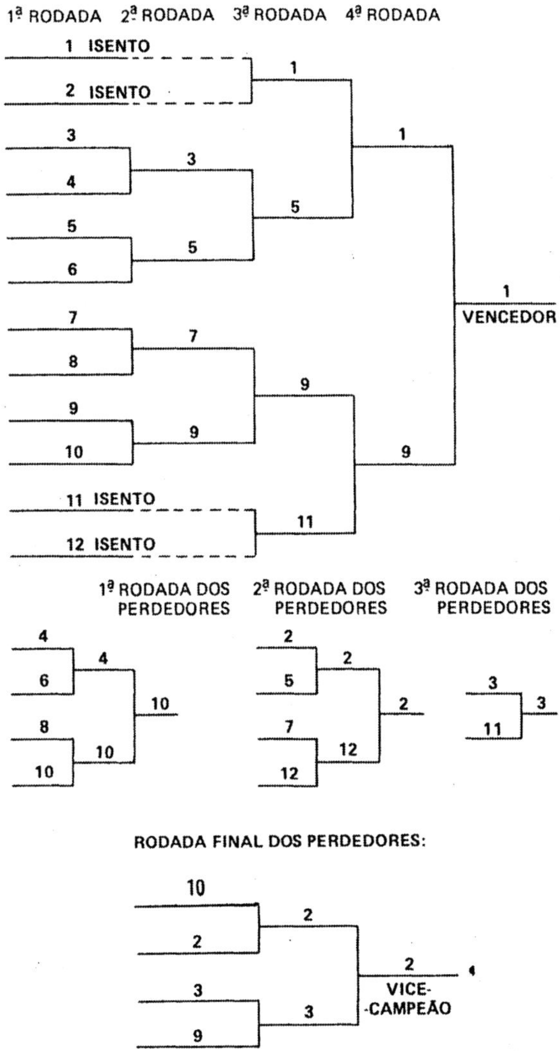

FIGURA 10

8 CONCORRENTES

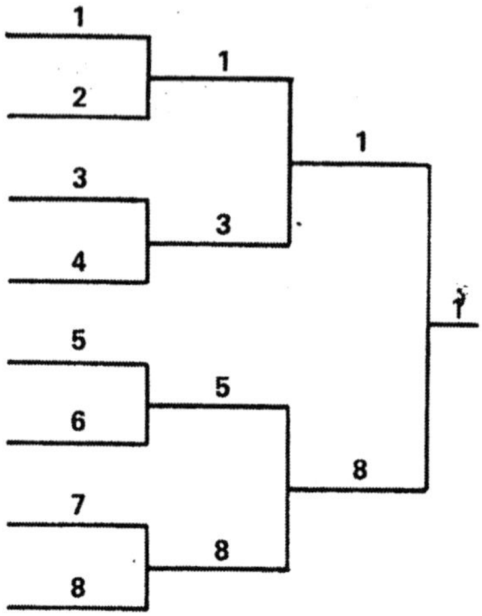

1ª RODADA DOS PERDEDORES

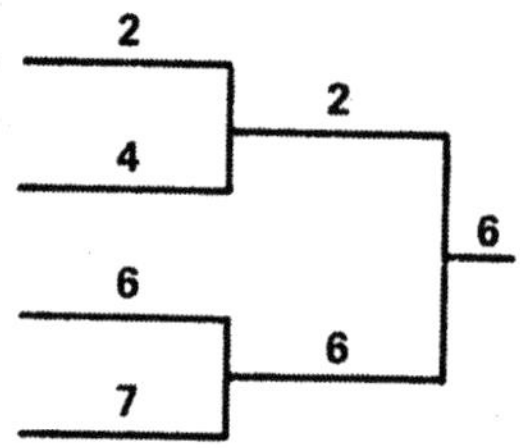

2ª RODADA DOS PERDEDORES

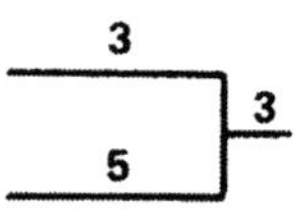

TORNEIO PARA INDICAR O VENCEDOR DOS VENCIDOS:

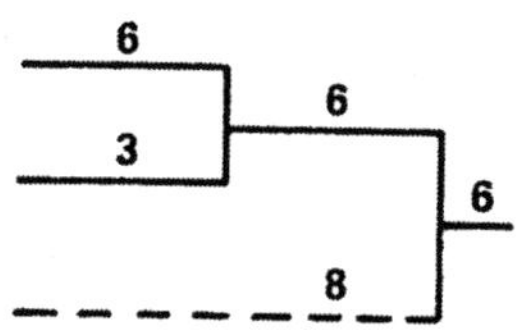

TORNEIO FINAL PARA APONTAR O CAMPEÃO

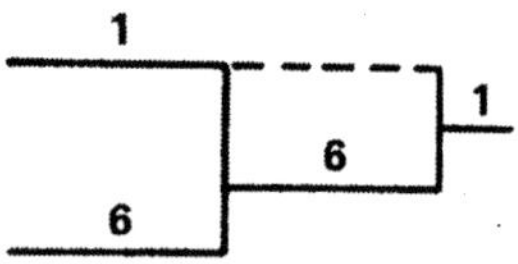

CAMPEÃO: 1
VICE-CAMPEÃO: 6

FIGURA 11

9 CONCORRENTES – 16 – 9 = 7 ISENTOS
CHAVE DOS VENCEDORES
1ª RODADA 2ª RODADA 3ª RODADA 4ª RODADA
1 ISENTO
2 ISENTO
3 ISENTO
4
5
4
1
3
1
6 ISENTO
7 ISENTO
8 ISENTO
9 ISENTO
6
8
6
6
VENCEDOR
1ª RODADA DOS PERDEDORES
5
2ª RODADA DOS PERDEDORES
2
4
7
9
2
9
2
3ª RODADA DOS PERDEDORES
3
8
3
RODADA FINAL DOS PERDEDORES
5
2
3
1
5
3
5
VICE-CAMPEÃO

FIGURA 9

12 CONCORRENTES – CHAVES SEPARADAS

CHAVE DOS VENCEDORES

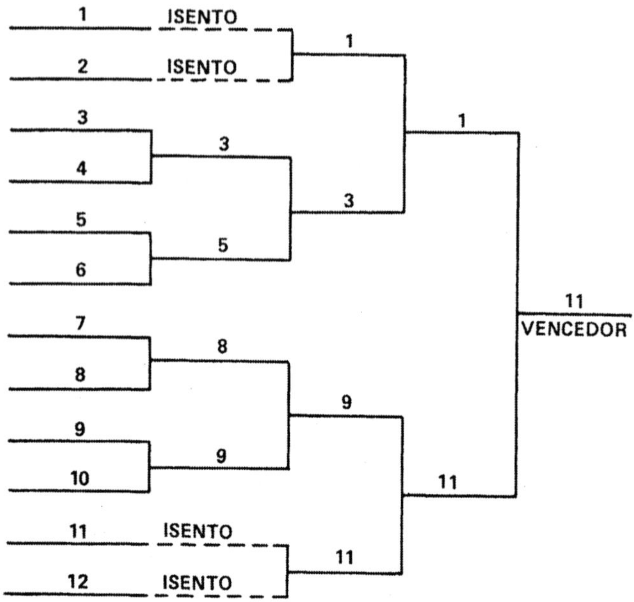

CHAVE DOS PERDEDORES OU CONSOLAÇÃO

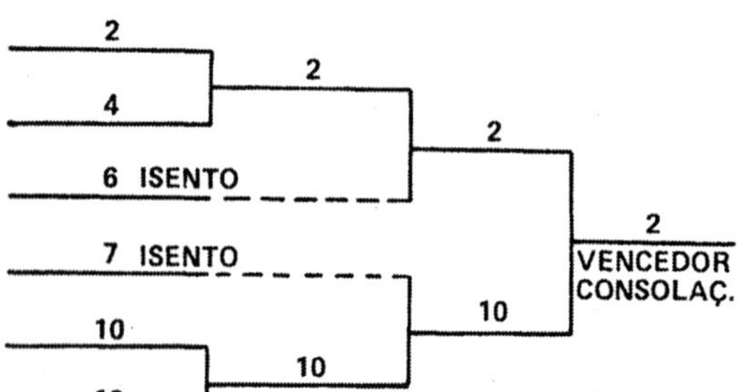

FIGURA 7

3. Eliminatória Dupla

Assemelha-se à eliminatória consolação 2º tipo, porém permite ao concorrente derrotado apenas uma vez, e que tenha saído vencedor do torneio disputado entre os perdedores, lutar pelo título de campeão com o primeiro colocado na chave dos vencedores. É um processo em que o concorrente só será eliminado da competição caso venha a perder duas vezes. Por isso mesmo, entre todos os processos eliminatórios, é o que faz mais justiça, proporcionando uma segunda oportunidade a uma equipe (ou concorrente individual) derrotada uma vez. Esta poderá se recuperar e vir a disputar o primeiro lugar da competição.

A eliminatória dupla, a exemplo da eliminatória consolação, fundamenta-se na eliminatória simples e, a exemplo desta, estabelece o número de jogos, antes de a competição se realizar, através da aplicação de duas fórmulas: NJ= 2(NC-1) e NJ= 2(NC-1)+ 1.

Esta segunda fórmula será usada para se prever a hipótese de, no jogo final, entre o primeiro colocado da chave dos vencedores e o primeiro classificado na chave dos perdedores, este se tornar o ganhador. Logicamente, para se tornar vencedor da chave dos perdedores, o concorrente deverá ter perdido apenas uma vez. Vencendo este o jogo final, ficarão duas equipes empatadas com uma derrota, porém o processo expressa uma dupla eliminação, o que forçará um segundo jogo entre aqueles dois concorrentes, para se chegar a um final com apenas um deles derrotado uma vez. Logo, haverá mais um jogo além do que é normalmente estabelecido (Figuras 11 e 12).

Exercícios de aplicação do assunto

1. Montar uma competição de polo-aquático pelo processo da eliminatória dupla, com a participação de 10 equipes.

2. Quantos jogos terá uma competição de basquetebol disputada pelo processo da eliminatória dupla, contando com a participação de 28 equipes? (Use as duas fórmulas).
Sublinhe a resposta correta: a) 55 ou 56; b) 48 ou 49; c) 37 ou 38; d) 41 ou 42; e) 55 ou 54.

3. Organize uma competição de judô, pelo processo da eliminatória dupla, contando com a participação de 13 atletas.

8 CONCORRENTES

CHAVE DOS VENCEDORES

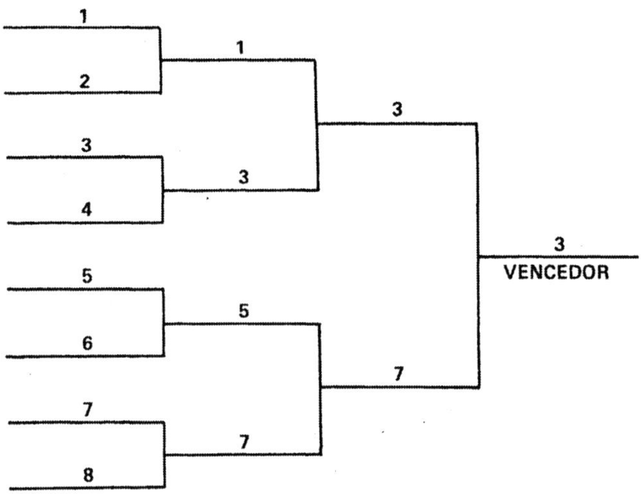

1ª RODADA DOS PERDEDORES

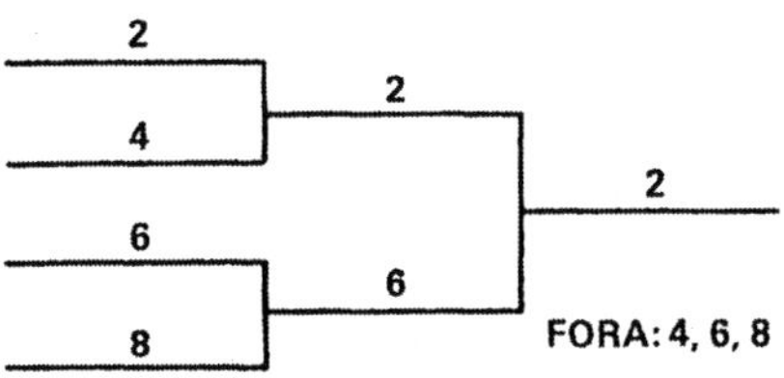

FORA: 4, 6, 8

2ª RODADA DOS PERDEDORES

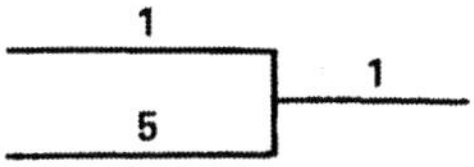

FORA: 5

3ª RODADA DOS PERDEDORES

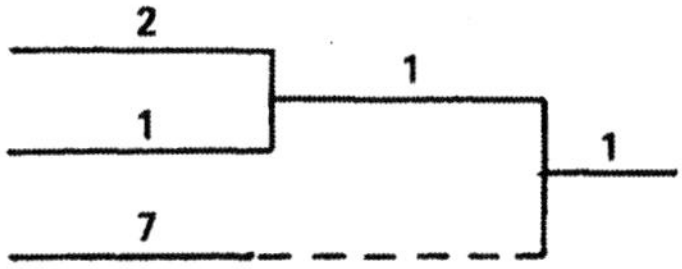

FORA: 2, 7
VICE-CAMPEÃO: 1

FIGURA 8

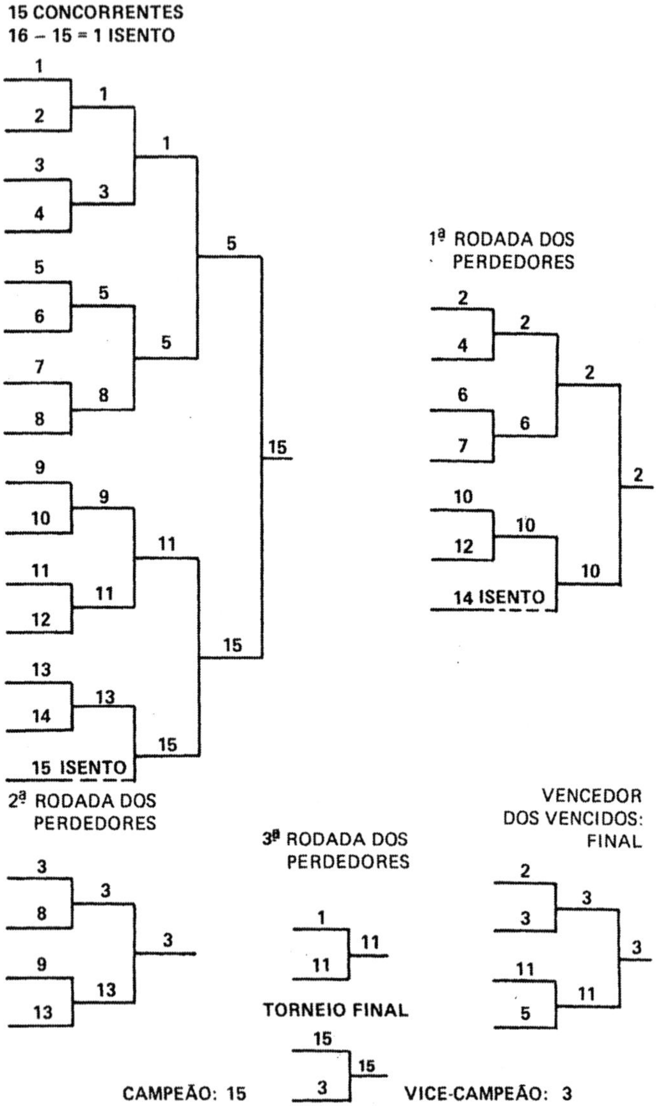
15 CONCORRENTES
16 – 15 = 1 ISENTO
15 ISENTO
1ª RODADA DOS PERDEDORES
14 ISENTO
2ª RODADA DOS PERDEDORES
3ª RODADA DOS PERDEDORES
VENCEDOR DOS VENCIDOS: FINAL
TORNEIO FINAL
CAMPEÃO: 15
VICE-CAMPEÃO: 3

FIGURA 12

4. Eliminatória Bagnall-Wild

Processo empregado quando precisamos determinar, de forma bastante justa, o segundo e o terceiro classificados numa competição, objetivando atribuir pontos ou prêmios a essas colocações.

Partindo de uma eliminatória simples, monta-se a chave dos vencedores, para se encontrar o campeão da competição. Em seguida, organiza-se um torneio entre os concorrentes derrotados diretamente pelo campeão, a partir de seu primeiro jogo, para determinar o segundo colocado. O concorrente classificado em terceiro será encontrado mediante a disputa de um torneio entre os derrotados diretamente pelo segundo colocado, também a partir de seu primeiro jogo.

Portanto, nos torneios destinados a encontrar os ocupantes do segundo e terceiro lugares, jogam primeiramente as equipes derrotadas nas partidas iniciais. O processo empregado, nos dois casos, é o da eliminatória simples, com uma pequena variação, atendendo ao estipulado no parágrafo anterior (Figura 13).

Exercícios de aplicação do assunto

1. Organizar uma competição de futebol de salão, pelo processo Bagnall-Wild, com a participação de 14 equipes, a fim de classificar o primeiro, o segundo e o terceiro lugares.

2. Montar uma competição de voleibol, com a participação de 10 equipes, utilizando o processo Bagnall-Wild.

12 CONCORRENTES

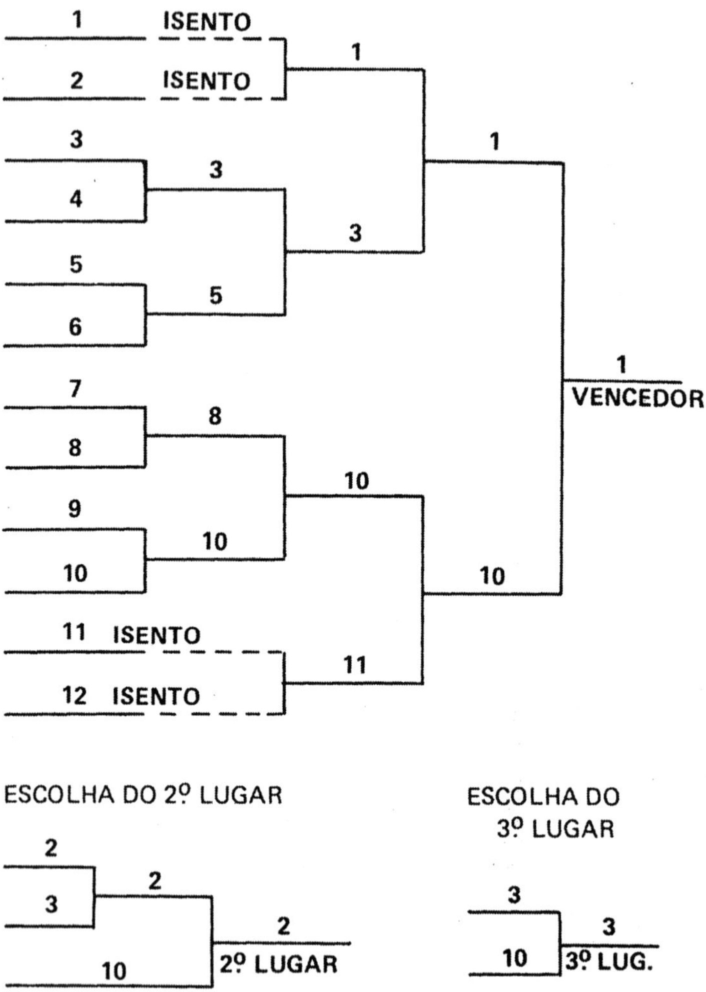

FIGURA 13

Processos de Rodízio

1. Rodízio Simples

Conceitua-se como um processo em que todos os concorrentes jogam entre si uma vez. É o campeonato disputado durante um só turno, em que realmente vence o melhor. Há que se ter tempo disponível, uma vez que a competição terá longa duração, instalações adequadas e interesse por parte dos concorrentes.

Neste processo, encontra-se o número de jogos, utilizando a seguinte fórmula: $NJ = \frac{NC\ (NC-1)}{2}$.

Quando o número de concorrentes é par, o rodízio simples desenvolve-se do seguinte modo: relacionam-se os concorrentes em duas colunas verticais, colocando-se, através de suas denominações, um de frente para o outro. Um deles, o primeiro da coluna da esquerda, será o elemento fixo. Feito isso, disputa-se a rodada inicial. Para darmos seqüência à competição, procedemos a uma rotação de todos os concorrentes — à exceção daquele que figura como elemento fixo — no sentido inverso ao giro dos ponteiros do relógio (da direita para a esquerda), isto é, anti-horário, continuando assim até que todos os concorrentes se tenham enfrentado.

Para se calcular o número de rodadas procede-se da seguinte forma: se o número de concorrentes é par, o número de rodadas será sempre um (1) a menos do que esse número de concorrentes. Ex.: 8 concorrentes, no rodízio simples, atuarão durante 7 rodadas.

Se o número de concorrentes é ímpar, o número de rodadas será igual a esse número de concorrentes. Exemplo: um rodízio simples com 9 equipes será disputado durante 9 rodadas. Exemplo aplicado:

1) Oito (8) concorrentes:

1ª rodada	2ª rodada	3ª rodada	4ª rodada	5ª rodada	6ª rodada	7ª rodada
1 x 2 8 x 3 7 x 4 6 x 5	1 x 3 2 x 4 8 x 5 7 x 6	1 x 4 3 x 5 2 x 6 8 x 7	1 x 5 4 x 6 3 x 7 2 x 8	1 x 6 5 x 7 4 x 8 3 x 2	1 x 7 6 x 8 5 x 2 4 x 3	1 x 8 7 x 2 6 x 3 5 x 4

Empregando a fórmula do rodízio simples, teremos:

$$NJ = \frac{NC(NC-1)}{2} \rightarrow NJ = \frac{8(8-1)}{2} = \frac{56}{2} = 28 \text{ jogos}$$

2) Sete (7) concorrentes:

Quando o número de participantes é ímpar, o procedimento é o mesmo, entretanto, em cada rodada um concorrente estará isento.

1ª rodada	2ª rodada	3ª rodada	4ª rodada	5ª rodada	6ª rodada	7ª rodada
1 x 4 2 x 5 3 x 6 \/ 7 Isento	4 x 5 1 x 6 2 x 7 \/ 3 Isento	5 x 6 4 x 7 1 x 3 \/ 2 Isento	6 x 7 5 x 3 4 x 2 \/ 1 Isento	7 x 3 6 x 2 5 x 1 \/ 4 Isento	3 x 2 7 x 1 6 x 4 \/ 5 Isento	2 x 1 3 x 4 7 x 5 \/ 6 Isento

Empregando a fórmula, teremos:

$$NJ = \frac{NC(NC-1)}{2} \rightarrow NJ = \frac{7(7-1)}{2} = \frac{7(6)}{2} = \frac{42}{2} = 21 \text{ jogos}$$

Nos dois exemplos procedeu-se ao giro anti-horário, isto é, da direita para a esquerda, sendo que, no primeiro exemplo, a equipe denominada nº 1 figurou como elemento fixo, girando todos em torno dela. No exemplo nº 2, procedeu-se a um rodízio completo, com todas as equipes participando do giro anti-horário.

Exercícios de aplicação do assunto

1. Na organização de uma competição de futebol em que se empregue o processo do rodízio simples, participam nove (9) equipes. Qual será o número de rodadas? Sublinhe a resposta correta: a) 10; b) 9; c) 8; d) 7; e) 6.

2. Quantos jogos terá uma competição de voleibol, disputada pelo processo do rodízio simples, com a participação de 89 equipes?

Sublinhe a resposta correta: a) 4026; b) 3916; c) 3815; d) 3918.

3. Na organização de um campeonato de basquetebol a ser disputado pelo processo do rodízio simples, quantos jogos serão realizados, sabendo-se que há nove (9) concorrentes?
Sublinhe a resposta correta: a) 36; b) 72; c) 81; d) 31; e) 8.

4. Quantas rodadas terá uma competição disputada pelo processo do rodízio simples, com a participação de 18 escolas?

Sublinhe a resposta correta: a) 18; b) 17; c) 36; d) 19.

5. Montar uma competição de polo-aquático, pelo processo do rodízio simples, com a participação de 10 equipes. Use a fórmula.

6. Organize uma competição de futebol de salão, com a participação de 9 equipes, utilizando o processo do rodízio simples. Use a fórmula.

2. Rodízio Duplo

É a repetição do rodízio simples, invertendo-se o mando de campo e até alterando-se a ordem dos jogos, objetivando provocar um maior interesse da competição. A fórmula para se saber o número de jogos é a seguinte: NJ= NC(NC-1).

O rodízio duplo caracteriza-se por uma disputa em dois turnos (turno/returno). O número de rodadas é calculado multiplicando-se por dois (2) o número de rodadas pertinente ao rodízio simples. Exemplo: se o número de concorrentes é oito (8), no rodízio simples, a competição será disputada em sete (7) rodadas; no rodízio duplo, esse número de rodadas será 14. (rodízio simples multiplicado por 2 = 7 x 2).

Exercícios de aplicação do assunto

1. Quantas rodadas terá uma competição disputada pelo processo do rodízio duplo, envolvendo 14 escolas? Sublinhe a resposta correta: a) 28; b) 27; c) 26; d) 29.

2. Organize uma competição de handebol, com a participação de 6 equipes, utilizando o processo do rodízio duplo.

3. Pelo processo do rodízio duplo, monte uma competição de basquetebol com a participação de 5 equipes.

3. Rodízios em Séries

Processo usado nos grandes campeonatos, principalmente em se tratando de desportos coletivos. Exemplo: COPA DO MUNDO, JOGOS OLÍMPICOS.

Neste processo, os concorrentes são distribuídos em grupos, dentro dos quais se disputa uma série classificatória pelo processo do rodízio simples, de onde sairão os dois primeiros classificados. Normalmente, colocam-se os melhores concorrentes na condição de cabeças de grupo. Em seguida, faz-se um novo rodízio simples entre os classificados, após o que se parte para o turno final, reunindo as quatro equipes mais bem classificadas. Exemplo: rodízio em série para 16 equipes.

Procedimento: separar as equipes em quatro grupos, cada um contando com quatro equipes; fazemos, em cada grupo, um rodízio simples, eliminando duas equipes e classificando duas. Em seguida, realizamos outro rodízio simples entre as oito (8) equipes classificadas, que estarão distribuídas em dois grupos. Na fase final, escolhemos as duas primeiras de cada grupo, ficando, portanto, quatro equipes, que disputarão um turno final, levando-se em conta os resultados da etapa anterior.

Deve-se evitar que duas equipes se enfrentem mais de uma vez nas eliminatórias.

Graficamente, a competição se desenvolverá da seguinte forma:

GRUPO 1	GRUPO 2	GRUPO 3	GRUPO 4
A B C D	E F G H	I J K L	M N O P

1ª Série de classificação: seis jogos em cada grupo.

$$nj = \frac{nc(nc - 1)}{2} = 6.$$

TOTAL: 6 jogos x 4 grupos = 24 jogos.

2ª Série de classificação: seis jogos em cada grupo.

GRUPO 1	GRUPO 2
A E I M	B F J N

Seis (6) jogos x Dois (2) grupos = 12 jogos

Não deverão enfrentar-se equipes que participaram do mesmo grupo na primeira série.
Série final: consideram-se os resultados da segunda série para armar a tabela.

1º classificado do Grupo 1 x 2º classificado do Grupo 2
2º classificado do Grupo 1 x 1º classificado do Grupo 2
2º classificado do Grupo 1 x 2º classificado do Grupo 2
1º classificado do Grupo 1 x 1º classificado do Grupo 2

Quatro jogos. Total de jogos da competição: 40.

Exercícios de aplicação do assunto

1. Dezesseis colégios disputam uma competição de futebol de salão pelo processo do rodízio em séries, numa primeira etapa reunindo três grupos, de onde saem dois classificados em cada grupo. Estes, ao final, disputam um rodízio simples. Pergunta-se:
(a) quantos jogos terá a primeira etapa?
(b) quantos jogos terá o turno final?
Sublinhe a resposta correta:
(a) 1) 35 jogos; 2) 45; 3) 38; 4) 40.
(b) 1) 18 jogos; 2) 15; 3) 16; 4) 17.

2. Organizar uma competição de basquetebol, contando com 13 equipes, pelo processo do rodízio em séries, com as seguintes especificações:
(1) a competição será realizada com um turno de classificação e um turno final;
(2) deverão ser organizados dois grupos no turno eliminatório (A e B), classificando-se três em cada grupo para o turno final;

(3) determinar o número de jogos no turno de classificação, no turno final e o número de jogos da competição.
Sublinhe a resposta correta: (3) a. 36, 15 e 55 jogos; b. 38, 17 e 52 jogos; c. 41, 19, 55 jogos; d. 36, 15 e 51 jogos.

4. Rodízio Lombardo

É um processo tipo relâmpago, realizado através do rodízio simples, com a duração de poucas horas.
Normas básicas para o seu desenvolvimento:

1. dividir o tempo normal da modalidade desportiva a ser disputada pelo número de jogos de cada concorrente;

2. organizar um rodízio simples entre as equipes (ou concorrentes) participantes.

Exemplo: Seis (6) concorrentes em uma competição de basquetebol.
Tempo normal de jogo: 40 minutos. Cada concorrente fará 5 jogos. Logo, teremos:

$$\frac{\text{tempo de jogo}}{\text{nº de jogos de cada equipe}} = \frac{40}{5} = 8 \text{ minutos.}$$

Cada jogo terá a duração de oito (8) minutos, no processo do rodízio lombardo.

Total de jogos: emprega-se a fórmula do rodízio simples.
Logo, $NJ = \frac{NC(NC-1)}{2} \therefore NJ = \frac{6(6-1)}{2} \therefore NJ = \frac{6(5)}{2} \therefore NJ = 15$ jogos.

Tempo total da competição: nº de jogos x tempo de cada jogo, ou seja, 15 x 8 = 120 minutos (2 horas).

Deve ser elaborada também uma tabela de jogos, considerando-se o processo do rodízio simples, agindo-se da seguinte forma:

1ª rodada	2ª rodada	3ª rodada	4ª rodada	5ª rodada
1 x 2	1 x 3	1 x 4	1 x 5	1 x 6
6 x 3	2 x 4	3 x 5	4 x 6	5 x 2
5 x 4	6 x 5	2 x 6	3 x 2	4 x 3

Paralelamente à ocorrência dos jogos estabelecidos na tabela acima, organiza-se um quadro de marcação, para que a competição possa ter um acompanhamento conveniente.

Se houver mais de uma instalação (campo, quadra, piscina), obviamente a competição terá seu tempo de duração reduzido à metade.

O processo do rodízio lombardo pode ser adaptado a desportos disputados por meio de pontos, estabelecendo-se um parâmetro em forma de tempo para cada jogo.

Exemplo: Seis (6) equipes disputando um jogo de voleibol.
Máximo de pontos obtidos por uma equipe numa situação normal de jogos: 45, considerando-se três parciais de 15 pontos, cada um.

Nº de jogos atribuído a cada equipe: 5

Dividindo-se: $\frac{45}{5}$ = 9 minutos para cada jogo.

Exercícios de aplicação do assunto

1. Pelo processo do rodízio lombardo, organizar uma competição interna em uma escola de grau médio, possuindo uma quadra, turmas de primeiro grau, cinco concorrentes. Atividade: basquetebol.

2. Torna-se necessário, levando em conta a distância, realizar uma competição de handebol entre nove (9) colégios num só dia. Pede-se:

a) número de jogos;
b) tempo atribuído a cada jogo;
c) tempo total da competição.

Sublinhe a resposta correta: (a) 1) 72; 2) 48; 3) 32; 4) 36; (b) 1) 4 minutos; 2) 8; 3) 10; 4) 5; (c) 1) 60 minutos; 2) 110; 3) 160; 4) 180.

3. Onze (11) equipes disputam uma competição de futebol de salão pelo processo do rodízio lombardo. Organize a disputa.

4. Monte uma competição de polo-aquático com 8 equipes universitárias, utilizando o processo do rodízio lombardo.

5. Valendo-se do processo do rodízio lombardo, organize uma competição de futebol com 6 colégios.

Processo de Combinações

Neste processo, a competição se desenvolve em duas etapas: uma classificatória (ou eliminatória) e uma final.

Desta forma, podem ser feitas várias combinações:

1º) Eliminatória simples (fase de classificação)
Rodízio duplo (fase final)

2º) Eliminatória dupla (fase de classificação)
Rodízio simples (fase final)

3º) Rodízio em séries (fase de classificação)
Eliminatória simples (fase final)

Exemplo: 1) competição de basquetebol com 20 equipes.

1º) Quatro (4) rodízios em séries, de cinco (5) equipes.

2º) Um torneio eliminatório entre os vencedores de cada série, pelo processo da eliminatória simples.

1ª combinação: Eliminatória simples, com 64 equipes, em 8 chaves de 8 equipes, na etapa classificatória; rodízio duplo, com as equipes colocadas em 1º lugar, em cada uma das chaves, na etapa final.

Eliminatória simples: chave 1 — equipes de 1 a 8; chave 2: equipes de 9 a 16; chave 3: de 17 a 24; chave 4: de 25 a 32; chave 5: de 33 a 40; chave 6: de 41 a 48; chave 7: de 49 a 56; chave 8: equipes de 57 a 64.

Exemplo de uma chave (chave 1: equipes de nº 1 a 8):

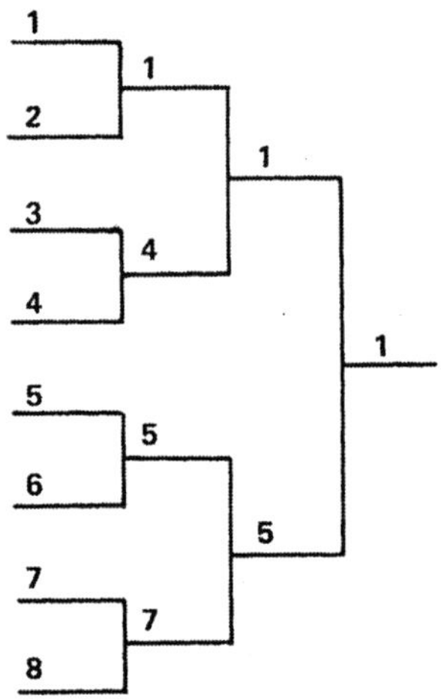

Equipes classificadas: de números 1, 16, 17, 32, 33, 48, 49 e 64 (vencedoras de cada uma das oito chaves).

Rodízio duplo com 8 equipes.

TURNO

1ª rodada	2ª rodada	3ª rodada	4ª rodada	5ª rodada	6ª rodada	7ª rodada
1 x 33	1 x 48	1 x 49	1 x 64	1 x 32	1 x 17	1 x 16
16 x 48	33 x 49	48 x 64	49 x 32	64 x 17	32 x 16	17 x 33
17 x 49	16 x 64	33 x 32	48 x 17	49 x 16	64 x 33	32 x 48
32 x 64	17 x 32	16 x 17	33 x 16	48 x 33	49 x 48	64 x 49

RETURNO

1ª rodada	2ª rodada	3ª rodada	4ª rodada	5ª rodada	6ª rodada	7ª rodada
33 x 1	48 x 1	49 x 1	6 x 1	32 x 1	17 x 1	16 x 1
48 x 16	49 x 33	64 x 48	32 x 49	17 x 64	16 x 32	33 x 17
49 x 17	64 x 16	32 x 33	17 x 48	16 x 49	33 x 64	48 x 32
64 x 32	32 x 17	17 x 16	16 x 33	33 x 48	48 x 49	49 x 64

2ª combinação: Eliminatória dupla, com 16 equipes, na fase classificatória; rodízio simples entre a equipe classificada em 1º lugar na chave dos vencedores da eliminatória dupla e as várias vencedoras dos torneios disputados entre os perdedores das rodadas da chave dos vencedores.

Eliminatória dupla:

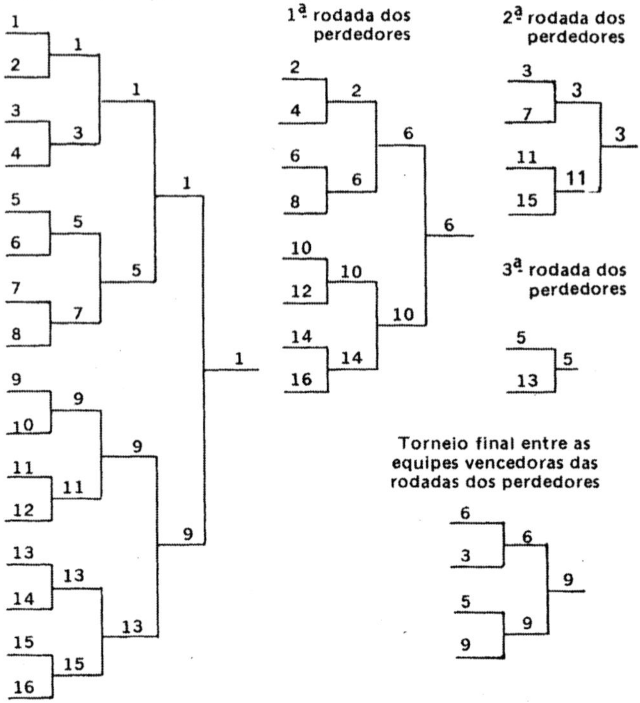

Torneio final entre o vencedor da chave dos vencedores e o vencedor do torneio acima:

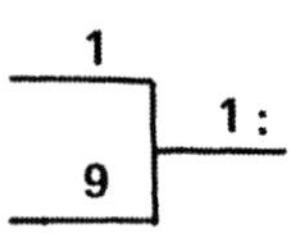

vencedor da eliminatória dupla.

Rodízio simples com as equipes de números 6, 3, 5, 9 e 1.

1ª rodada Isento: 1	2ª rodada Isento: 3	3ª rodada Isento: 9	4ª rodada Isento: 5	5ª rodada Isento: 6
6 x 3	1 x 9	3 x 5	9 x 6	5 x 1
5 x 9	6 x 5	1 x 6	3 x 1	9 x 3

3ª combinação: Rodízio em séries entre 36 equipes; eliminatória simples entre os vencedores das várias séries.

1ª série	2ª série	3ª série
rodízio simples entre as equipes de números 1, 2, 3, 4, 5,6.	rodízio simples entre as equipes de números 7, 8, 9, 10, 11, 12.	rodízio simples entre as equipes de números 13, 14, 15, 16, 17, 18.

4ª série	5ª série	6ª série
rodízio simples entre as equipes de números 19, 20, 21, 22, 23, 24.	rodízio simples entre as equipes de números 25, 26, 27, 28, 29, 30.	rodízio simples entre as equipes de números 31, 32, 33, 34, 35, 36.

Eliminatória simples entre as equipes vencedoras das 6 (seis) séries. Hipoteticamente, seriam as de números 6, 12, 18, 24, 30 e 36.

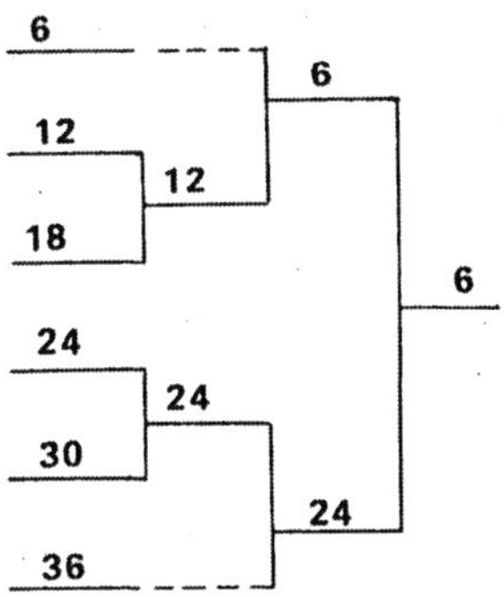

Campeão da competição: nº 6

Exercícios de aplicação do assunto

1. Uma competição de futebol reúne 19 equipes, divididas em quatro (4) séries. Mediante um rodízio simples realizado dentro de cada série, classificam-se oito (8) equipes para um turno final a ser disputado pelo processo eliminatório duplo. Quantos jogos terá esta competição? Responder com as duas opções.
Sublinhe a resposta correta: a) 50/51 jogos; b) 48/49 jogos; c) 45/46 jogos; d) 54/55 jogos.

2. Onze (11) concorrentes se inscreveram na modalidade de basquetebol de uma competição regional. Realizou-se um turno de classificação pelo processo do rodízio simples, em três séries, classificando-se dois concorrentes em cada série. O turno final foi disputado pelo processo eliminatório simples. Quantos jogos foram realizados?
Sublinhe a resposta correta: 1) 13 jogos; b) 29 jogos; c) 20 jogos; d) 30 jogos; e) 21 jogos.

3. Foi organizada uma competição de voleibol pelo processo de rodízio simples, com 14 concorrentes divididos em três (3) séries, classificando dois (2) concorrentes em cada série, o que corresponde a um turno de classificação. O turno final foi disputado através de uma eliminatória simples. Pergunta-se:

a) qual o total do número de jogos do turno de classificação?

b) qual o número de jogos do turno final?

Sublinhe a resposta correta: a) 1) 52 jogos; 2) 14; 3) 91; 4) 26. b) 1) 7 jogos; 2) 4; 3) 10; 4) 5.

4. Disputa-se uma competição de polo-aquático pelo processo de combinações com 15 equipes. Na primeira

etapa de classificação jogam-se três (3) séries, saindo duas equipes de cada uma após um rodízio simples. Numa segunda etapa, joga-se uma eliminatória simples. Qual o total de jogos da competição?
Sublinhe a resposta correta: a) 34 jogos; b) 38 jogos; c) 35 jogos; d) 40 jogos; e) 36 jogos.

Processo das Escalas

Bastante utilizado em competições de desportos individuais, como tênis, golfe, squash, boxe, judô e outras modalidades de luta.

Divide-se em três tipos: escada, pirâmide e funil, nomenclatura atribuída à forma dos desenhos que caracterizam esses três tipos (Figuras 14, 15 e 16, respectivamente).

Convém observar uma série de normas para realizar a competição mediante este processo:

1. Na competição por escalas, o progresso dos participantes, nos três tipos, desenvolve-se de baixo para cima;

2. Cada participante só pode desafiar o primeiro ou o segundo participante colocado imediatamente antes dele;

3. Em caso de vitória ou derrota, o competidor que desafiar outro e vencer a disputa trocará de lugar com o (a) perdedor (a);

4. Quando, na mesma data, um jogador desafia outro acima dele e é desafiado por outro abaixo, na ordem de colocação do processo que estiver sendo utilizado (escada, pirâmide ou funil), dá-se prioridade ao que tiver menor número de jogos para cima;

5. O processo a ser utilizado será determinado em função do número de participantes e do tempo disponível para se realizar a competição.

Deve-se considerar dois critérios para efeito de colocação das equipes:

1º) por ordem de inscrição;
2º) tomar por base o campeão e o vice do torneio anterior, colocando-os nos dois primeiros lugares.

ESCADA

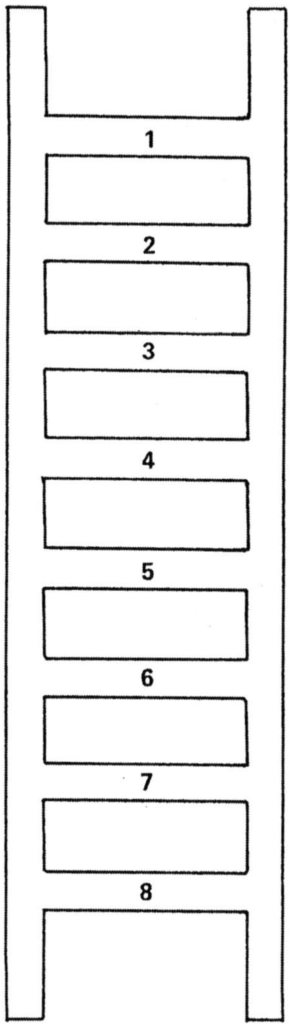

FIGURA 14

PIRÂMIDE

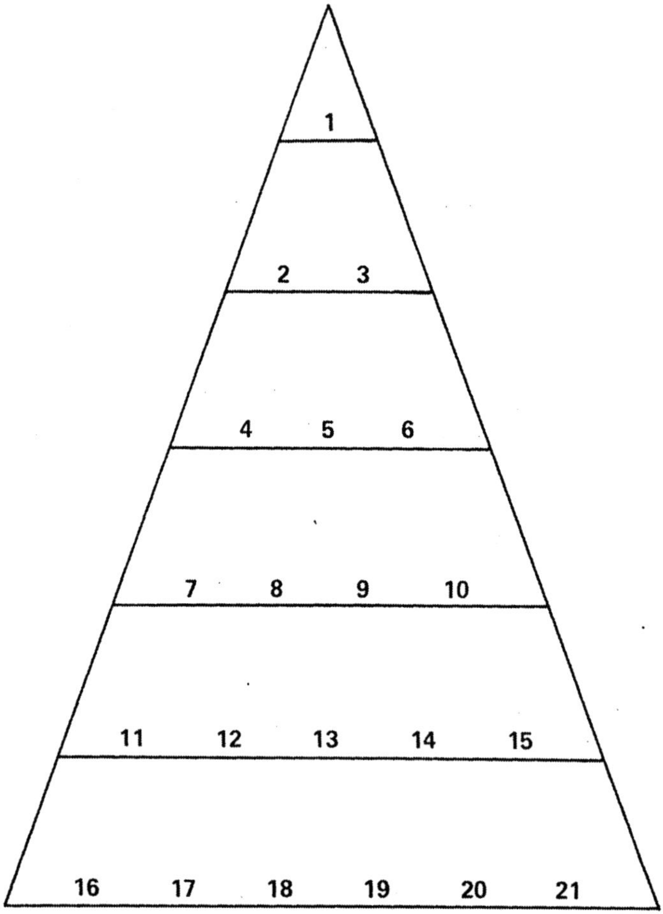

FIGURA 15

FUNIL

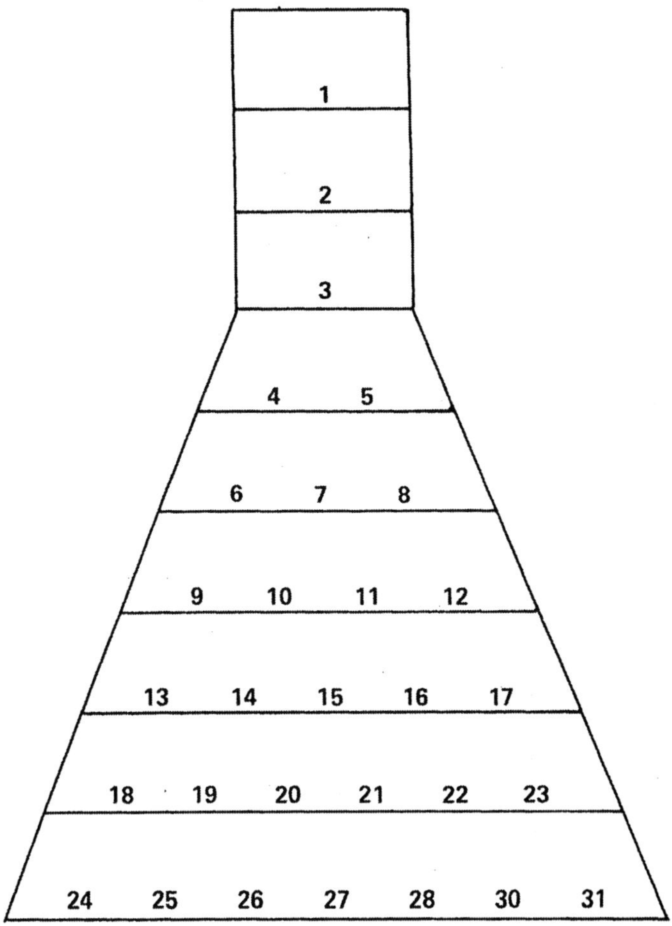

FIGURA 16

Respostas dos Exercícios de Aplicação

Processo das Eliminatórias

1. Eliminatória Simples

1. e) 5 rodadas.
2. b) 26 jogos.
3. c) 6 rodadas.

4.

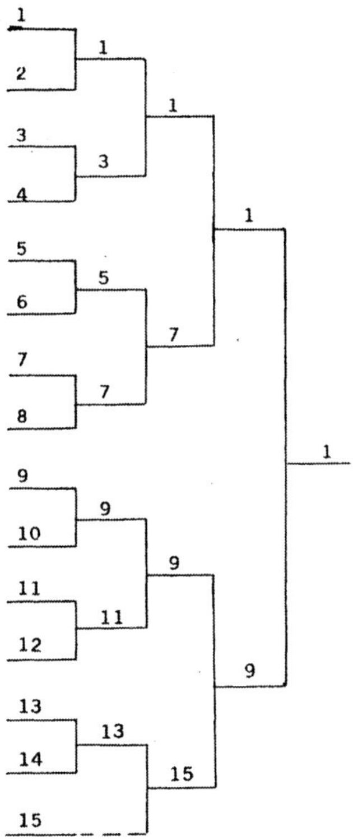

5. a) 8 equipes; b) 7 equipes; d) 5 equipes.

2. Eliminatória Consolação

1.

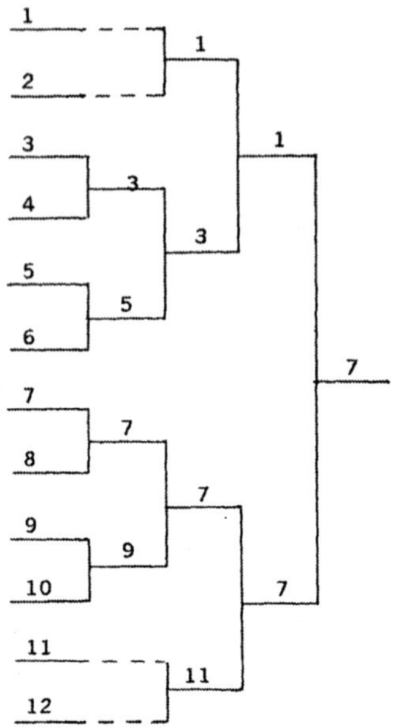

Perdedores da 1ª rodada

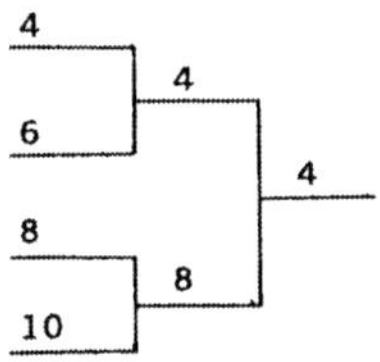

Classificado: nº 4
Fora: 6, 8, 10

Perdedores da 2ª rodada

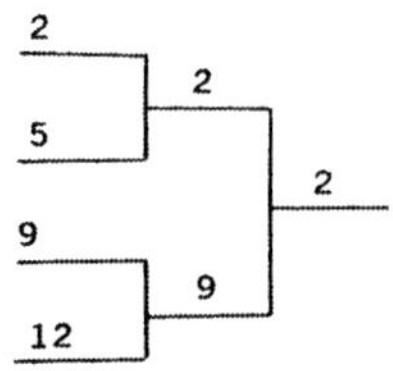

Classificado: nº 2
Fora: 5, 9, 12

Perdedores da 3ª rodada

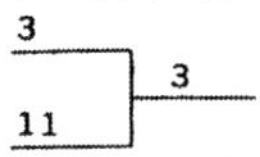

Classificado: nº 3
Fora: 11

Perdedores da 4ª rodada

Apenas o nº 7

Torneio final para encontrar o campeão da consolação e vice-campeão da competição:

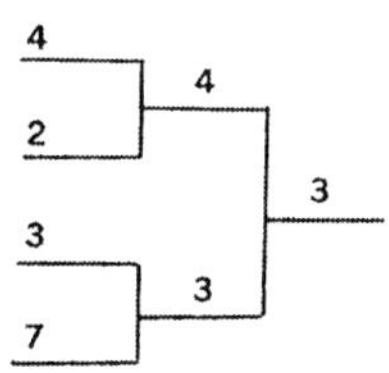

2.

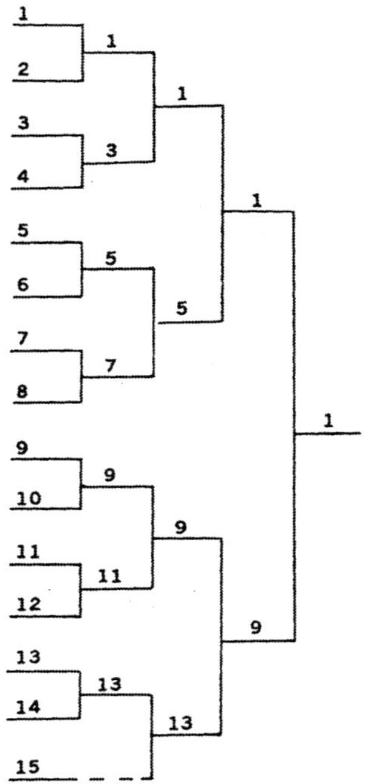

Consolação

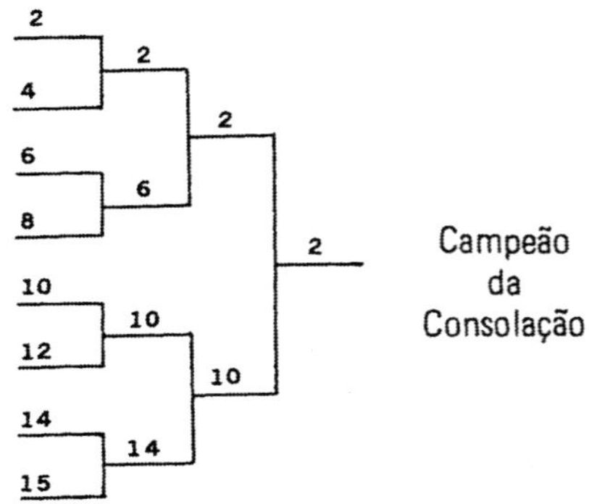

3. Eliminatória Dupla

1.

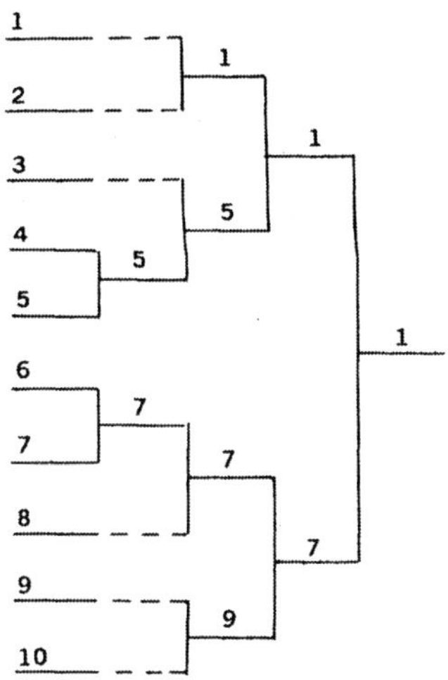

Perdedores da 1ª rodada

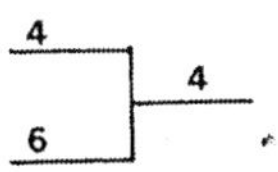

Classificado: 4
Fora: 6

Perdedores da 2ª rodada

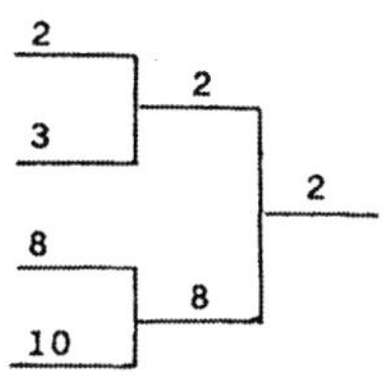

Classificado: 2
Fora: 3, 8, 10

Perdedores da 3ª rodada

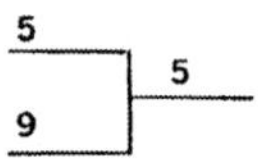

Perdedores da 4ª rodada

7

Classificado: 5
Fora: 9

Torneio final/Perdedores

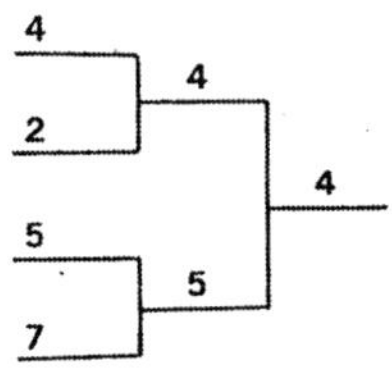

Decisão:

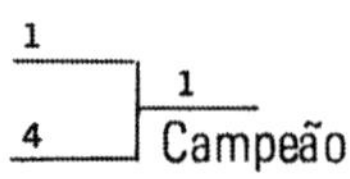

ou

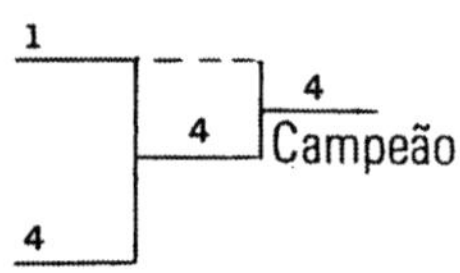

2. e) 55 ou 54 jogos

3.

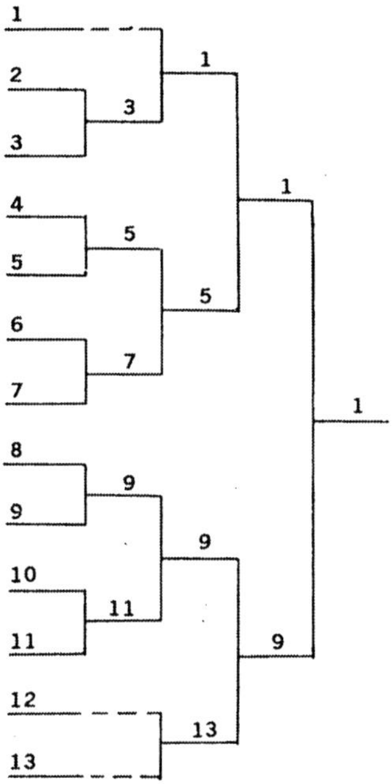

Perdedores
da 1ª rodada

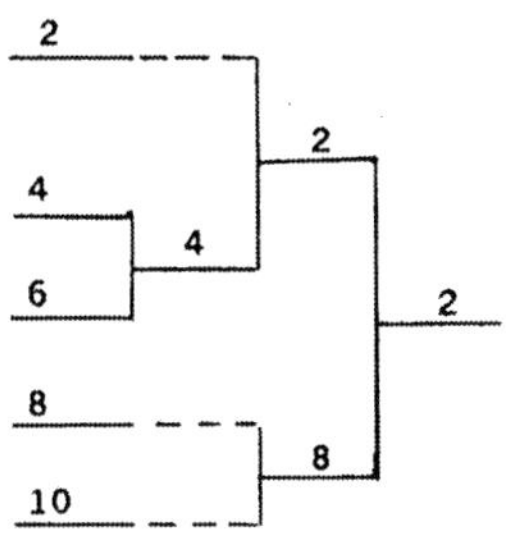

Classificado: 2
Fora: 4, 6, 8, 10

Perdedores
da 2ª rodada

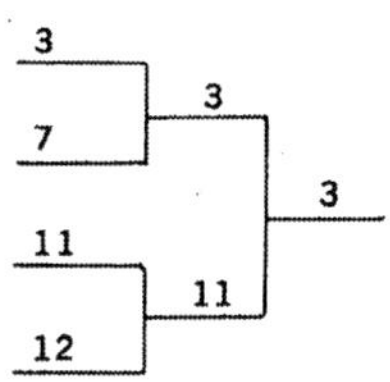

Classificado: 3
Fora: 7, 11, 12

Perdedores da 3ª rodada

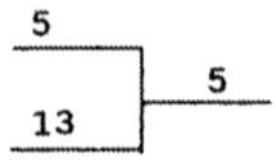

Classificado: 5
Fora: 13

Perdedores da 4ª rodada

9

Torneio final/Perdedores

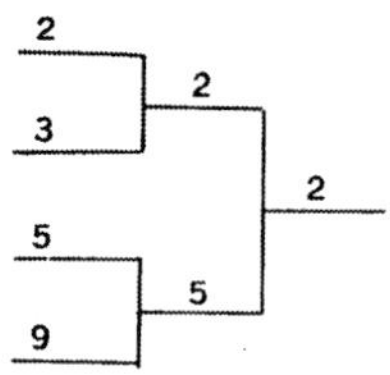

Decisão

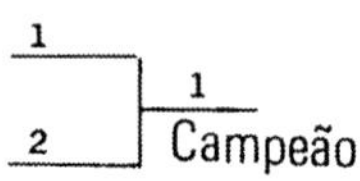

ou

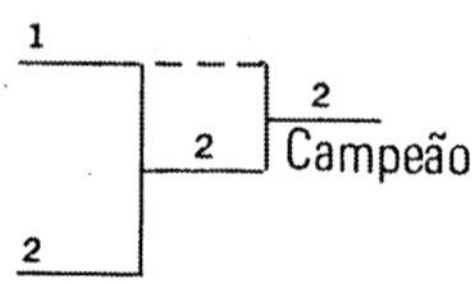

4. Eliminatória Bagnall-Wild

1.

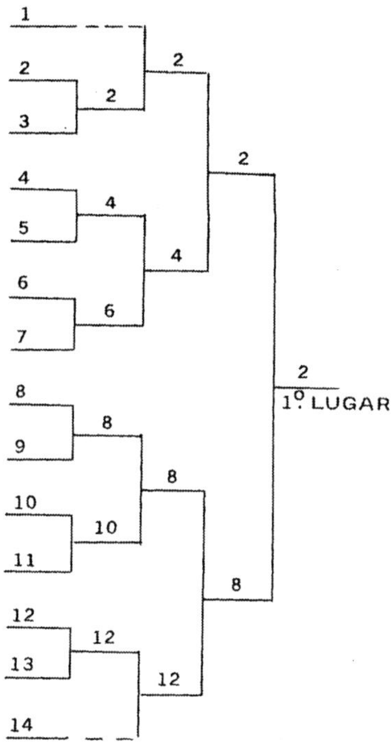

2º lugar

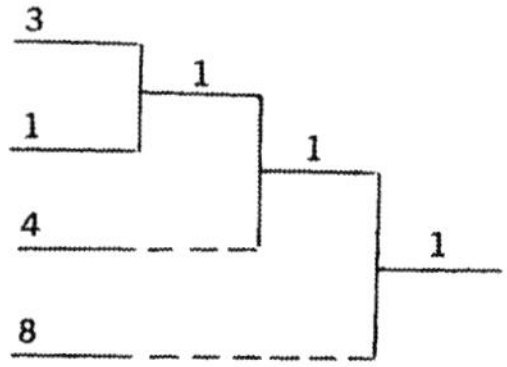

3º lugar

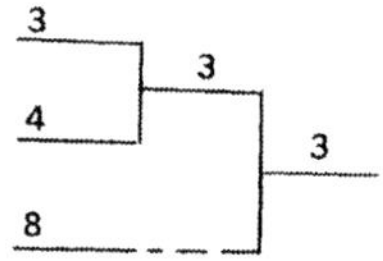

2.

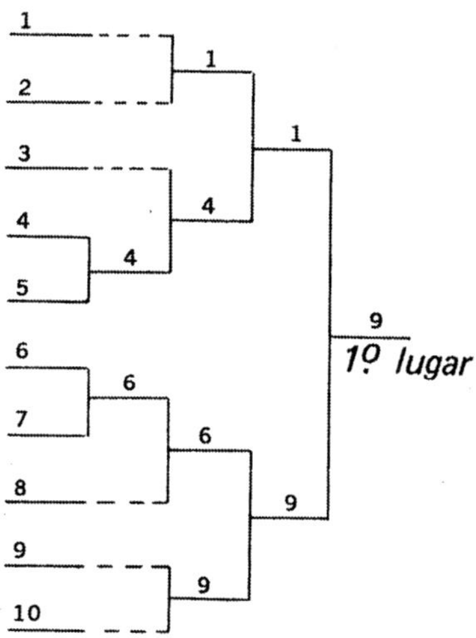

2º lugar

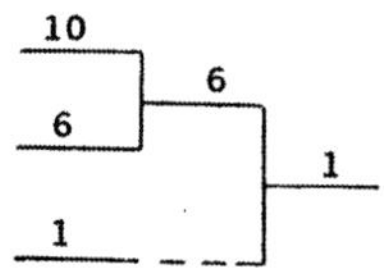

3º lugar

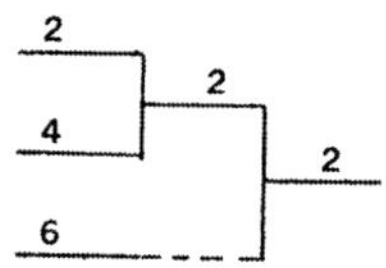

Processos de Rodízio

1. Rodízio Simples

1. b) 9 rodadas
2. b) 3916 jogos
3. a) 36 jogos
4. b) 17 rodadas
5. $NJ = \frac{NC(NC-1)}{2} \therefore NJ = \frac{10(10-1)}{2} \therefore NJ = \frac{10(9)}{2} \therefore NJ = 45$ jogos.

1ª rodada	2ª rodada	3ª rodada	4ª rodada	5ª rodada	6ª rodada	7ª rodada
1 x 10	1 x 9	1 x 8	1 x 7	1 x 6	1 x 5	1 x 4
2 x 9	10 x 8	9 x 7	8 x 6	7 x 5	6 x 4	5 x 3
3 x 8	2 x 7	10 x 6	9 x 5	8 x 4	7 x 3	6 x 2
4 x 7	3 x 6	2 x 5	10 x 4	9 x 3	8 x 2	7 x 10
5 x 6	4 x 5	3 x 4	2 x 3	10 x 2	9 x 10	8 x 9

8ª rodada	9ª rodada
1 x 3	1 x 2
4 x 2	3 x 10
5 x 10	4 x 9
6 x 9	5 x 8
7 x 8	6 x 7

6. $NJ = \frac{NC(NC-1)}{2} \therefore NJ = \frac{9(9-1)}{2} \therefore NJ = \frac{9(8)}{2} \therefore NJ = 36$ jogos.

1ª rodada	2ª rodada	3ª rodada	4ª rodada	5ª rodada	6ª rodada	7ª rodada
1 x 9	9 x 8	8 x 7	7 x 6	6 x 5	5 x 4	4 x 3
2 x 8	1 x 7	9 x 6	8 x 5	7 x 4	6 x 3	5 x 2
3 x 7	2 x 6	1 x 5	9 x 4	8 x 3	7 x 2	6 x 1
4 x 6	3 x 5	2 x 4	1 x 3	9 x 2	8 x 1	7 x 9
5 Isento	4 Isento	3 Isento	2 Isento	1 Isento	9 Isento	8 Isento

8ª rodada	9ª rodada
3 x 2	2 x 1
4 x 1	3 x 9
5 x 9	4 x 8
6 x 8	5 x 7
7 Isento	6 Isento

2. Rodízio Duplo

1. c) 26 rodadas
2. Turno

1ª rodada	2ª rodada	3ª rodada	4ª rodada	5ª rodada
1 x 2	1 x 4	1 x 6	1 x 5	1 x 3
3 x 4	2 x 6	4 x 5	6 x 3	5 x 2
5 x 6	3 x 5	2 x 3	4 x 2	6 x 4

Returno

1ª rodada	2ª rodada	3ª rodada	4ª rodada	5ª rodada
2 x 1	4 x 1	6 x 1	5 x 1	3 x 1
4 x 3	6 x 2	5 x 4	3 x 6	2 x 5
6 x 5	5 x 3	3 x 2	2 x 4	4 x 6

3. Turno

1ª rodada	2ª rodada	3ª rodada	4ª rodada	5ª rodada
1 x 5	5 x 4	4 x 3	3 x 2	2 x 1
2 x 4	1 x 3	5 x 2	4 x 1	3 x 5
\/	\/	\/	\/	\/
3	2	1	5	4
Isento	Isento	Isento	Isento	Isento

Returno

1ª rodada	2ª rodada	3ª rodada	4ª rodada	5ª rodada
5 x 1	4 x 5	3 x 4	2 x 3	1 x 2
4 x 2	3 x 1	2 x 5	1 x 4	5 x 3
\/	\/	\/	\/	\/
3	2	1	5	4
Isento	Isento	Isento	Isento	Isento

3. Rodízio em Séries

1. (a) 1) 35 jogos
   (b) 2) 15 jogos
2. D. Turno de classificação: 36 jogos
   Turno final: 15 jogos
   Total de jogos: 51.

4. Rodízio Lombardo

1. Tempo normal de um jogo de basquetebol: 40 minutos
   Tempo de jogo no rodízio lombardo: 10 minutos
   Nº de jogos: $NJ = \frac{NC(NC-1)}{2} \therefore NJ = \frac{5(4)}{2} \therefore NJ = 10$ jogos
   Tempo total da competição: 100 minutos/1 hora, 40 minutos.
2. a) resposta nº 4: 36 jogos
   b) resposta nº 4: 5 minutos
   c) resposta nº 4: 180 minutos/3 horas
3. Tempo normal de um jogo de futebol de salão: 40 minutos
   Tempo de jogo no rodízio lombardo: 4 minutos
   Nº de jogos:
   $NJ = \frac{NC(NC-1)}{2} \therefore NJ = \frac{11(10)}{2} \therefore NJ = \frac{110}{2} \therefore NJ = 55$ jogos
   Tempo total da competição: 220 minutos/3 horas, 40 minutos.
   Tabela de jogos da competição.

1ª R	2ª R	3ª R	4ª R	5ª R	6ª R	7ª R	8ª R	9ª R	10ª R	11ª R
1x11	11x10	10x9	9x8	8x7	7x6	6x5	5x4	4x3	3x2	2x1
2x10	1x9	11x8	10x7	9x6	8x5	7x4	6x3	5x2	4x1	3x11
3x9	2x8	1x7	11x6	10x5	9x4	8x3	7x2	6x1	5x11	4x10
4x8	3x7	2x6	1x5	11x4	10x3	9x2	8x1	7x11	6x10	5x9
5x7	4x6	3x5	2x4	1x3	11x2	10x1	9x11	8x10	7x9	6x8
\/	\/	\/	\/	\/	\/	\/	\/	\/	\/	\/
6	5	4	3	2	1	11	10	9	8	7

equipes isentas em cada rodada

4. Tempo normal de um jogo de polo-aquático: 28 minutos
Tempo de jogo no rodízio lombardo: 4 minutos
Nº de jogos: $NJ = \frac{NC(NC-1)}{2} \therefore NJ = \frac{8(7)}{2} \therefore NJ = 28$ jogos

Tempo total da competição: 112 minutos/1 hora, 52 minutos.
Tabela de jogos da competição:

1ª rodada	2ª rodada	3ª rodada	4ª rodada	5ª rodada	6ª rodada	7ª rodada
1 x 2	1 x 3	1 x 4	1 x 5	1 x 6	1 x 7	1 x 8
8 x 3	2 x 4	3 x 5	4 x 6	5 x 7	6 x 8	7 x 2
7 x 4	8 x 5	2 x 6	3 x 7	4 x 8	5 x 2	6 x 3
6 x 5	7 x 6	8 x 7	2 x 8	3 x 2	4 x 3	5 x 4

5. Tempo normal de um jogo de futebol: 90 minutos
Tempo de jogo no rodízio lombardo: 18 minutos
Nº de jogos: $NJ = \frac{NC(NC-1)}{2} \therefore NJ = \frac{6(5)}{5} \therefore NJ = 15$ jogos

Tempo total da competição: 270 minutos/4 horas, 30 minutos
Tabela de jogos da competição:

1ª rodada	2ª rodada	3ª rodada	4ª rodada	5ª rodada
1 x 2	1 x 4	1 x 6	1 x 5	1 x 3
3 x 4	2 x 6	4 x 5	6 x 3	5 x 2
5 x 6	3 x 5	2 x 3	4 x 2	6 x 4

Processo de Combinações

1. a) 50/51 jogos.
2. c) 20 jogos.
3. a) (4) 26 jogos
   b) (4) 5 jogos
4. c) 35 jogos.

Bibliografia

BRITO CUNHA, Renato M. G. Organização de Competições de Desportos Coletivos. Associação dos Professores de Educação Física da Guanabara, Rio de Janeiro, 1970.

CAPINUSSÚ, José Maurício. Teoria Organizacional da Educação Física e Desportos. Ed. Ibrasa, São Paulo, 1979.

CAPINUSSÚ, José Maurício. Organização Desportiva. Ed. Operon, Nova Iguaçu, Rio de Janeiro, 1976.

DAIUTO, Moacyr. Organização de Competições Desportivas. Ed. Ellos, Ribeirão Preto, São Paulo, 1972.

LITWIN, Julio. Organización de Campeonatos Deportivos. Editorial Stadium, Buenos Aires, 1975

RAMOS, Jayr J. Organização de Campeonatos e Torneios. Escola de Educação Física do Exército, Rio de Janeiro, 1956.

José Maurício Capinussú

Mestre em Comunicação pela Universidade Federal do Rio de Janeiro (UFRJ). Licenciado em Educação Física pela Escola de Educação Física e Desportos da UFRJ. Licenciado em Administração Desportiva pela Academia de Direção e Administração da Federação Alemã de Desportos (Berlim Ocidental). Professor de Organização da Educação Física e Desportos das Escolas de Educação Física da UFRJ e Universidade Gama Filho. Professor do Curso de Mestrado em Educação Física da UFRJ. Professor do Curso de Especialização em Medicina Desportiva da UFRJ. Coordenador dos Cursos de Especialização em Futebol da Escola de Educação Física e Desportos da UFRJ e de Especialização em Administração Desportiva da Universidade Gama Filho.
Membro Pesquisador do Colégio Brasileiro de Ciências do Esporte